JN101104

世界を救え! タブーに切り込む陰謀論

古代の瑞穂国、宇宙人の栗原氏と曽我氏の真実

栗原幸男

22世紀アート

はじめに

　本書を手に取っていただき、ありがとうございます。私は、地球社会に隠された陰謀を明らかにして、その改善を目指す活動を行っています。

　そして、私が調査研究を実施中の段階で、1冊目の著作「地球の危機！世界を支配する陰謀の正体」を出させていただきました。地球の支配者による歴史隠蔽、危機創出政策への警鐘、不服従運動等を訴えています。

　そして、私の調査研究が一通り終わった段階で、2冊目の著作「地球が危ない！知らないでは済まない陰謀論——新型コロナウイルスにも裏があります」を出させていただきました。陰謀論の視点で、悪徳な地球支配者の歴史、社会の様々の所に犠牲があること、悪徳支配者への対抗等を、コンパクトにまとめています。

　そして本書は、私の3冊目の著作となります。今回は、正義の味方の神様と宇宙人の方の指導で、これまで日本の支配者がタブーとしてきた、古代の瑞穂国、宇宙人の栗原氏と曽我氏の存在を確認し、本書に執筆することができました。陰謀論の分野で、このようなタブーに触れられたことは、画期的です。必ずや、日本中の皆様、いや世界中の皆様のお役に立つと思います。

目　次

第1部　タブーに切り込む陰謀論本編

第1章　自分の生い立ちと神様、宇宙人との関係

神様と宇宙人について

　この世の中、我々の宇宙には、神様と宇宙人が本当に存在します。現在の地球の支配者が、極端な秘密主義であるために、被支配者の地球人には全く隠されています。

自分の生い立ち

　本書の著者である栗原幸男は、１９６１年に、古代の瑞穂国の首都であった、神奈川県秦野市に生まれました。生まれた当時は、前世のことは忘れていて、何も分かりませんでしたが、現在の視点で振り返ってみると、次のように考えます。

　地球には古来より、保守的、良心的で悪を許さない勢力が存在しています。その保守勢力から、男の天照大神であるアマテルと、爬虫類型宇宙人のドラコニアンが作戦の一つとして、私栗原幸男を、宇宙人の栗原氏と曽我氏の遺伝子を持つように、誕生させました。

　そして、私はその勢力に育てられ、アマテルが拠点にしている神奈川県庁が運営する、製造業を技術的に支援する機関に就職しました。そして主に、半導体製造の基本的な技術について、支援を実施しました。

　地球の悪徳支配者の政策で、日本の製造業を潰そうとしていることに、少し抵抗しました。

自分の使命

　アマテルやドラコニアンに期待されていたはずですが、私は、保守勢力の一員としての目覚めが、かなり遅くなりました。

　東日本大震災及び福島原発事故の惨状を見て、ようやく世の中がおかしいことを悟りました。そして、オカルト分野の雑誌や単行本を読むことで、3年程度で支配者の洗脳が解けました。

　神様や宇宙人は声を出して話しませんが、テレパシーで私に情報を伝えています。私の使命は、悪徳な地球の支配者の言うことを聞かない抵抗運動を、この日本から推進して、やがて世界に広げていくことです。

第２章　古代の瑞穂国と栗原氏、曽我氏の繁栄

宇宙人による日本人の製造

　古代、多くの宇宙人種族が地球に入植し、原人に遺伝子操作を施して、宇宙人が使役しやすい地球人を製造しました。

　この日本では、次の拠点で日本人を製造したようです。

・青森県新郷村迷ヶ平　　（十和田湖近く）　　＊国道

　十和田市赤沼　　（＊高森山）、三戸町蛇沼（＊高堂山）

・宮城県利府町赤沼　　（松島近く）　　＊国道、港

・神奈川県相模原市東大沼、西大沼

　　　　　　　　（大山、仮称海老名湖近く）　　＊国道１６号

・奈良県天川村坪内　　（洞川温泉近く）　　＊国道、高城山

・京都府舞鶴市水間　　（天橋立近く）　　＊由良川、港

・広島県広島市沼田町　　（宮島近く）　　＊高鉢山、高八山、港

　製造拠点の近くには道路、空港、港があり、資材や製品を大量に搬送したものと思われます。また、どこも風光明媚な場所ですが、それだけ大変な仕事だったのかもしれません。

　この項は、神奈川県以外は、参考図書の高山氏著「ドラコニアンVS レプティリアンこれが《吸血と食人》の超絶生態だ！」を参考にしています。

金星より栗原氏・曽我氏の地球入植

　古代、金星より、爬虫類型宇宙人の栗原氏と、人間型宇宙人の曽我氏が地球に入植しました。そして、この2種族は協力して、地球上の要所要所に国々を作りました。日本列島には瑞穂国を作りました。

栗原氏と曽我氏が作った瑞穂国

　金星からやって来た宇宙種族の栗原氏と曽我氏は、日本列島に瑞穂国を作りました。

　瑞穂国は、都が充実していることが特徴です。瑞穂国には、首都、首都の周辺を守る都、北方面を守る都、首都の背面を守る都、西方面を守る都がありました。

　また、それぞれの都は円形をしていて、倉庫であるピラミッド、神道基地や空軍基地と繋がり、都のセットのようなものを構成していました。

　次項から、各都セットを紹介します。現在の地名を［　］で示し、古代の本来の地名を｛　｝で示しました。なお、各都セットの本来の地名の探し方は、第2部をご覧ください。

瑞穂国の首都セット

※図1を参照してください

□神道基地：神奈川県伊勢原市［伊勢原］　　伊勢原大神宮

　　　　　伊勢原市［上谷］｛曽我谷｝、平塚市［城所］｛栗所｝

○首都：｛御嵩京｝

　　神奈川県秦野市　　　　　　須賀神社

　　　　　　　　　　［羽根］｛迫間｝、［小羽根］｛小迫間｝、

　　　　　　　　　　［西田原］｛西栗原｝、［東田原］｛東栗原｝、

　　　　　　　　　　［曽屋］｛曽我｝

△首ピラミッド：静岡県／山梨県　　［富士山］｛大倉山｝

　　　　　　　　　富士宮市貴船町　貴船神社

　　　　　　　　　富士宮市［野中］｛大曽中｝、［宮原］｛宮栗｝

△ピラミッド：神奈川県　　［大山］｛小倉山｝

□神道基地：山梨県身延町［和田］　　　伊勢神明神社

　　　　　　　　身延町［梅平］｛梅栗｝、［大島］｛曽根島｝

※首都の都は２つのピラミッドと繋がっています。

瑞穂国の首都防衛セット

　　　　　　　　　　　　　　　※図２を参照してください

□神道基地：千葉県東金市［田間］　　　五十瀬神社

　　　　　　　　東金市［東金］｛曽根金｝、［山田］｛栗田｝

○都｛大和京｝

　　神奈川県横浜市青葉区

　　　　　　　　　　［みたけ台］｛笠間｝、　　　杉山神社

　　　　　　　　　　［柿の木台］｛柿の栗｝、

　　　　　　　　　　［桜台］｛桜御曽野｝

△ピラミッド：神奈川県　　［大山］｛小倉山｝

16

伊勢原市［大山］｛曽根山｝、

清川村［煤ヶ谷］｛煤ヶ栗田｝

□空軍基地：岐阜県関市　　［迫間］｛羽根｝、［小迫間］｛小羽根｝

神明神社　　　　［大杉］｛曽杉｝

［西田原］｛西田栗｝、［東田原］｛東田栗｝

瑞穂国の北防衛セット

※図３を参照してください

□神道基地１：宮城県七ヶ浜町［吉田浜］　　五十鈴神社

七ヶ浜町［花渕浜］｛曽野渕浜｝

塩竈市［牛生町］｛牛栗町｝

□神道基地２：宮城県南三陸町歌津［田の浦］　　五十鈴神社

気仙沼市本吉町［小金山］｛金栗｝

気仙沼市本吉町［蕨野］｛蕨美曽｝

○都１：｛山元京｝　宮城県仙台市泉区

［実沢］｛長岩間｝熊野神社

［小角］｛栗山角｝、［北中山］

｛北中曽｝

○都２：｛大和京｝　宮城県栗原市

志波姫［南郷］｛長岩間｝、　　熊野神社

志波姫［新原］｛新栗｝、　志波姫［新上戸］｛新曽我戸｝

△ピラミッド：山形県　　［月山］｛高倉山｝

□空軍基地：山形県鶴岡市［鼠ヶ関］　　厳島神社

※この都セットは、都と東の神道基地が、1回移転している。

瑞穂国の背面防衛セット

※図4を参照してください

□神道基地：栃木県小山市［田間］

茨城県結城市［田間］　　貴布禰神社

○都：｛山県京｝

岐阜県飛騨市古川町

［杉崎］｛入間｝、　　諏訪神社

［上気多］｛栗巣気多｝、［下気多］｛栗巣気多｝、

［上野］｛上曽江｝、［中野］｛中曽江｝、［下野］｛下曽江｝

△ピラミッド：滋賀県　　［伊吹山］｛岩倉山｝

米原市［上野］｛上曽山｝、米原市［須川］｛栗川｝

□神道基地：島根県出雲市　　［出雲大社］

瑞穂国の西防衛セット

※図5を参照してください

□神道基地1：三重県度会町［田間］

□神道基地2：三重県多気町［三疋田、四疋田］　　伊勢寺神社

○都1：｛大和郡山京｝

奈良県高取町　　春日神社

　　　　［清水谷］｛迫間｝、［壺阪］｛壺栗｝、［丹生谷］｛丹曽｝
○都2：｛大和高田京｝
　　奈良県橿原市　　春日神社
　　　　　［別所町］｛笠間｝、［小山］｛栗栖山｝、［田中町］｛曽野中｝
△ピラミッド：徳島県　　［剣山］｛岩倉山｝
□神道基地：福岡県宗像市　　［宗像大社中津宮］
※この都セットは、都と東の神道基地が、1回移転している。

都が充実した瑞穂国

　古代の瑞穂国では、各都は○○京という名前を持っていて、都の形は円形をしていました。その中心部には、一番重要な仕事を行う○間、栗原氏の拠点、曽我氏の拠点を置きました。

　都内の地名は、現在の地名を［　］で示し、古代の本来の地名を｛　｝で示しました。

　瑞穂国のピラミッドは、情報を蓄積したり、必要な物品、機器、資源を保管したと思われます。また、ピラミッドがアンテナとなり、通信を行ったと考えられます。

　ピラミッドには○○山という名称があり、現在の名称を［　］に、古代の本来の名称を｛　｝に示しました。　ピラミッドの近くにも、栗原氏や曽我氏の拠点があり、現在の地名を［　］で、本来の地名を｛　｝で示しました。

瑞穂国は、宗教として神道の力を用いて、自国を安定にし、攻めてくる敵をくじきました。

　神道基地は、「伊勢」や「田」が付く地名か、大社となります。東の神道基地には、五十鈴神社、五十瀬神社が置かれます。

　神道基地の近くにも、栗原氏や曽我氏の拠点があり、現在の地名を［　］に、古代の本来の地名を｛　｝に示しました。

　また瑞穂国は、軍事的にはＵＦＯを保有していて、自国をパトロールしたり、敵と戦いました。

　空軍基地は、「関」や「羽」が付く地名となります。

　古代の瑞穂国では、都セット内で、都、ピラミッド、神道基地、空軍基地の間は、高度な宇宙技術により、時空を超えて、瞬間移動ができたようです。具体的には、次のように瞬間移動ができたと思われます。

・都の〇間にある須賀神社、杉山神社、熊野神社、諏訪神社、春日神社と、ピラミッドの間

・都と東の神道基地にある、八坂神社と八雲神社の間

・ピラミッドと西の神道基地や空軍基地にある、八坂神社と八雲神社の間

・該当する神社がないときは、貴船神社が代わりになる可能性があります

　陰謀論の分野では、アトランティス大陸の都は円形だったとか、ピラミッドに入った人が地球の本当の歴史映像を見たと、言われています。瑞穂国に似ています。

　読者の皆さんが生まれた時の名字が、「か」、「き」、「く」、「け」、「こ」で始まる場合は、皆さんは古代の宇宙人栗原氏の末裔の可能性があります。また、生まれた時の名字が「さ」、「し」、「す」、「せ」、「そ」で始まる場合は、皆さんは古代の宇宙人曽我氏の末裔の可能性があります。

ピラミッドに入れる山
　都の〇間以外に、ピラミッドに入れる山があります。それは、名前に「迫」か「間」が付く山にある神社と思われます。

【首ピラミッド［富士山］｛大倉山｝】
・浅間山、角間山（群馬県嬬恋村）
・浅間隠山（群馬県長野原町）、　　・小浅間山（長野県軽井沢町）
・浅間岳（長野県上田市）
・有間山（埼玉県秩父市）
・浅間嶺、トヤド浅間（東京都檜原村）
・間ノ岳（山梨県南アルプス市）
・浅間山（静岡県伊豆の国市）、　　・浅間山（静岡県東伊豆町）
・大無間山、小無間山、浅間山（静岡県静岡市）

・浅間山、浅間山、浅間山（静岡県浜松市）

【首都防衛ピラミッドの［大山］{小倉山}】

・浅間山、浅間山（秦野市）、　　・浅間山（中井町）

・浅間山（箱根町）、　　・浅間山（山北町）、　　・浅間山（平塚市）

・浅間山（千葉県鋸南町）、　　・嶺岡浅間（千葉県鴨川市）

【北防衛ピラミッドの［月山］{高倉山}】

・八柄間山（青森県佐井村）

・間ノ瀬山（山形県飯豊町）

・大迫山（宮城県仙台市）

・間岸山（福島県南会津町）

【背面防衛ピラミッドの［伊吹山］{岩倉山}】

・間ノ岳（岐阜県飛騨市）、　　・三間山（岐阜県下呂市）

・間戸山（岐阜県揖斐川町）

・浅間山（岐阜県可児市）、　　・浅間山（岐阜県中津川市）

・岩間山、笹間ヶ岳（滋賀県大津市）

・浅間山（三重県大台町）、　　・浅間山（三重県多気町）

【西防衛ピラミッドの［剣山］{岩倉山}】

・市間山（広島市安芸太田町）

・大迫山、船ヶ迫岳（愛媛県内子町）
・間夫（福岡県宮若市）

このような山は、もっとあると思います。

瑞穂国の神道基地

　瑞穂国では、栗原氏と曽我氏により、自然を崇拝する神道を用いて、国を治めました。

　　　　貴船神社（高オカミ、暗オカミ）　※金星の神様
　　　　神明神社（アマテル、オオヒルメ、国常立尊）
　　　　　※現在の日本の支配者が、男神アマテルを女神天照大神
　　　　　　に偽造した。
　　　　須賀神社、杉山神社、熊野神社、諏訪神社、春日神社（スサノオ）
　　　　八坂神社、八雲神社（スサノオ）

・アマテルの夫人は、瀬織津姫という名で、穢れを取り除く活動を行っている。横浜の鶴見川河口近くの、一之宮社に祀られている。
・この他、オオヒルメや月読命もアマテル夫人ではないかと思われる。オオヒルメは横浜市青葉区の伊勢社や寒川町の中瀬大神に、月読は横浜港南区の神明社や伊勢原市の日月神社に祀られている。
・アマテルの巫女は、天照大日霊神という名で、小田原市の神山神

社に祀られている。

　この瑞穂国の神道には、多様な神器と術があると思います。自国を安定させたり、敵に失敗をさせたり、瞬間移動する力もあります。神道は兵器以上に強力です。

瑞穂国の空軍基地

　北防衛セットの西の空軍基地、首都防衛セットの西の空軍基地の他に、各都や各ピラミッドの東西南北に空軍基地が置かれました。

　名前が高や鷹で始まる山は、古代の空軍基地です。羽や須賀が付く川沿いは、古代の空軍基地です。

　瑞穂国の空軍基地には、ＵＦＯが配備され、輸送、パトロール、戦闘に使用しました。

【首都セット周囲の空軍基地】
・首都の［秦野市］｛御嵩京｝　　北に高畑山（清川村）
　　　　　　　　　　　　　　　西に航空自衛隊岐阜基地
・首ピラミッドの［富士山］｛大倉山｝北に高石山（新潟県湯沢町）
　　　　　　　　　　　　　　　西に高根山（岐阜県多治見市）

【首都防衛セット周囲の空軍基地】
・都の［横浜市青葉区］｛大和京｝　　北に羽生（埼玉県羽生市）
　　　　　　　　　　　　　　　　　　東に羽田国際空港
　　　　　　　　　　　　　　　　　　西に高取山（山梨県都留市）
・ピラミッドの［大山］｛小倉山｝　　北に鷹ノ巣山（新潟県魚沼市）
　　　　　　　　　　　　　　　　　　南に羽根尾（小田原市）

【北防衛セット周囲の空軍基地】
・都1の［仙台市泉区］｛山元京｝　　北に高毛戸（秋田県鹿角市）
　　　　　　　　　　　　　　　　　　南に羽黒台（仙台市太白区）
　　　　　　　　　　　　　　　　　　西に高松峰（山形県西川町）
・都2の［栗原市］｛大和京｝　　　　北に高日向山（岩手県滝沢市）
　　　　　　　　　　　　　　　　　　東に高荒神山（栗原市）
・ピラミッドの［月山］｛高倉山｝　　北に高丈山（山形県酒田市）
　　　　　　　　　　　　　　　　　　南に高平山（福島県北塩原村）

【背面防衛セット周囲の空軍基地】
・都の［飛騨市］｛山県京｝　　　　　北に富山空港
　　　　　　　　　　　　　　　　　　東に羽附町（群馬県館林市）
　　　　　　　　　　　　　　　　　　南に羽根（岐阜県下呂市）
・ピラミッドの ⌊伊吹山］｛岩倉山｝　北に小松空港
　　　　　　　　　　　　　　　　　　東に羽崎（岐阜県可児市）

南に羽下（三重県大紀町）

西に高城山（鳥取県倉吉市）

【西防衛セット周囲の空軍基地】

・都1の［高取町］｛大和郡山京｝　東に高見山（奈良県東吉野村）
　　　　　　　　　　　　　　　　西に関西国際空港

・都2の［橿原市］｛大和高田京｝　東に榛原赤埴（奈良県宇陀市）
　　　　　　　　　　　　　　　　南に高城山（奈良県天川村）
　　　　　　　　　　　　　　　　西に高増山（広島県福山市）

・ピラミッドの［剣山］｛岩倉山｝　北に高比野山（岡山県美作市）
　　　　　　　　　　　　　　　　東に出羽（徳島県那賀町）
　　　　　　　　　　　　　　　　南に高善森（高知県北川村）

　また、参考図書の高山氏の著作によれば、広島県廿日市市の宮島は、宇宙船が地球から宇宙へ離発着する基地だそうです。

瑞穂国の地方政府

　古代の瑞穂国では、国内の隅々に、地方政府である国府セットを置きました。国府セットは、国府、ピラミッド、寺、神道基地から構成されます。

　ここでは、瑞穂国の首都周辺にある国府セットについて、調べました。国府セットの神道基地は、「田」が付く地名か、数字が入っ

た地名になります。

　図６に相模国、図７に三浦国を示します。相模国は、国府と東の神道基地を１回移転しています。三浦国は、瑞穂国と同様に、過去に存在した伝承が残っていません。

　図８に安房国、図９に上総国、図１０に下総国を示します。この三国は、他の国と比べて、国府とピラミッドの配置の向きが逆になっています。これは、首都の神奈川県秦野市に対して、上りと下りを表しているようです。

　図１１に武蔵国、図１２に甲斐国、図１３に駿河国、図１４に伊豆国を示します。国府の跡は、神社になったり、開発されたりしています。

　図１５に、古代の瑞穂国の時代の、首都周辺の様子を示します。神様アマテルが、神奈川県の中央に仮称海老名湖を堀り、その土で三浦半島を作りました。これにより、国土が守りやすくなり、景色も良くなります。
　とくに現在の神奈川県の地域は、瑞穂国の首都とその東神道基地、首都防衛都とそのピラミッド、相模国の国府セット、三浦国の国府セットが集中していました。

瑞穂国の運営方針

瑞穂国の運営方針は、日本の縄文時代、アイヌ、アメリカインディアンに似ているのではないか、と思います。

自然を崇拝して、誰も飢えることのない平和な社会を実現し、男女平等、家柄も平等だった。仕事の能力に応じた、階級はあったと思います。

瑞穂国の指導者は、御門（みかど）と呼んだと思います。首都の秦野市や、首都防衛セット神道基地の東金市に御門という地名が残っています。中世以降に登場する権威のある天皇や将軍はいません。

宇宙人の栗原氏と曽我氏の遺伝子を掛け合わせることにより、バランスの取れた指導者を作りました。

瑞穂国と地球規模のネットワーク

金星から来た栗原氏と曽我氏の仲間は、地球上の要所要所に瑞穂国のような国々を作りました。

そして、各地のピラミッドの通信機能を連携させて、地球規模の通信ネットワークを構築し、金星等の宇宙とも通信していたと思います。

これは、参考図書の雑誌ムーにも、地球グリッド文明として載っています。

第 3 章　中世の悪徳支配者の地球侵略

悪徳な地球の支配者の誕生

　私の前著作「地球が危ない！知らないでは済まない陰謀論」では、紀元前の古代に、宇宙人による遺伝子操作で、地球の悪徳支配者が誕生し、まずメソポタミアを統治した、としていました。

　ところが、瑞穂国の都や神道基地の遺構を見ていると、とても何千年も昔のものとは思えません。瑞穂国は 1 千年程度前に滅ぼされた、と見るのが妥当です。

　そうしますと、正義感のある宇宙人ドラコニアンと、悪徳な宇宙人であるレプティリアンが戦争を行って、地球上に大きな被害を出した時期が、1 千数百年前ということになります。世界史年表を見ると、4 世紀末の民族大移動やローマ帝国の分裂が、大きな被害と思われます。

　大きな被害が出たことに、ドラコニアンとレプティリアンは反省し、もう地球に関わることを止めました。その約束の祈念に、ドラコニアンとレプティリアンのハイブリッドであるブルーブラッド人を作って、地球を統治させることにしました。

　ブルーブラッド人のうち、次の１３家族は、5 世紀初めにロ　マに入り、ローマ教会を作りました。

ロスチャイルド家、ロックフェラー家、ケネディ家、オナシス家、デュポン家、フリーマン家、ダビデ家、李家、バンデー家、アスター家、コリンズ家、ラッセル家、ファンダイン家

ドラコニアンとレプティリアンは、約束通りに地球上を去りました。ところが、狡猾なレプティリアンが異次元からブルーブラッド人に取り憑いて、コントロールしてしまいました。

　また、ブルーブラッド人のうち、次の５家族は、５世紀に中国に入り、やがて強国の唐を作りました。
　天皇家、小野家、藤原家、竹内家、加茂家

　私の前著作では、古代に、ブルーブラッド人の天皇家がまず日本に入った。その後、ブルーブラッド人のような唐が日本に侵攻して、幕府を作り、天皇家と対立した、としました。

　ところが、実際には、古代の日本は、天皇がいない瑞穂国が繁栄していて、そこに、ブルーブラッド人５家族が指揮する、唐の軍隊が日本に侵攻して来たのです。

ブルーブラッド人１３家族によるローマ教会作成とヨーロッパ侵攻

　ドラコニアンとレプティリアンの戦争により地球上に被害を出したことを反省して、ドラコニアンとレプティリアンの遺伝子を掛け合わせたブルーブラッド人を作成しました。そして、ドラコニアンとレプティリアンは地球上から姿を消しました。

　ブルーブラッド人のうち１３家族は、５世紀初め頃、戦争の影響で、民族大移動やローマ帝国分裂が起こっていたヨーロッパに来ました。

　狡猾なレプティリアンの作戦で、異次元に住む悪徳なレプティリアンが、レプティリアンの遺伝子を持つハイブリッド人に取り憑いて、コントロールすることができました。

　当時のヨーロッパには、瑞穂国と同様な国々が繁栄していました。これまでは、ドラコニアンがこれらの国々を守っていましたが、現在は地球上にいません。

　悪徳レプティリアンが取り憑いた１３家族は、これらの国々を攻撃しては、人々を殺し、財産を奪いました。当時のヨーロッパの人々は、瑞穂国と同様の自然を崇拝する神道、あるいは原始キリスト教を信じていました。瑞穂国と同様な国は、武器として神器とＵＦＯを持っていますので、１３家族はこれらを奪い、悪用したものと思います。

そして、１３家族はローマに入って、悪知恵を働かせ、ローマ教会を作りました。これは、新しい宗教を１３家族の支配に都合の良いように作り出し、宗教の権威で、世界を絶対服従させる仕組みです。

ブルーブラッド人１３家族の悪政による世界制覇

　異次元のレプティリアンに取り憑かれたブルーブラッド人１３家族は、次のような悪政を行いながら、世界の制覇を目指しました。

・地球人を奴隷扱いし、搾取、虐殺する。

・地球上のほとんどの政府、企業、団体を支配する。

・政府とマスコミを通して、偽の情報を流し、地球人を洗脳する。

・病院で副作用の強い薬を与え、患者を早死させる。

・自然災害や戦争を作り出し、犠牲者を出す。

　【気象兵器】　高温、低温、強風、大雨、雷、大雪

　【災害兵器】　火事、洪水、地震、津波、火山

　【生物兵器】　インフルエンザ、がん、ウイルス

　【化学兵器】　水、食物、薬、注射に毒を入れる

　【放射線兵器】　原発事故を起こす

　【戦争画策】　兵隊と民間人が犠牲

ブルーブラッド人５家族の唐建国と瑞穂国侵攻

　ブルーブラッド人の誕生時期は、５世紀初め頃と予想します。ブルーブラッド人５家族は１３家族とは別れ、中国大陸に侵入しま

した。

　こちらの5家族も、異次元の悪徳レプティリアンが取り憑いています。やはりドラコニアンが地球上に居ないため、中国大陸にあった瑞穂国のような国々を、次々に攻めて、破りました。そして、破った国が持っていた神器やUFOを奪いました。

　5家族は、ついに7世紀には大国の唐を建国しました。そして、日本列島の瑞穂国にムー大陸の財宝があることを知り、十分に準備をしてから、唐は日本へ侵攻します。

　8世紀頃、唐の5家族の軍隊は、神器を携え、UFOに乗って、日本列島に侵入しました。瑞穂国側も、国中にある神道基地の神器、空軍基地のUFOで応戦します。

　唐対瑞穂国の戦争は、一進一退の攻防が、長期に渡りました。

　瑞穂国側にはドラコニアンの応援が無いが、唐側を指揮しているブルーブラッド人は異次元のレプティリアンがコントロールしているため、時間が経つと唐側が優勢になりました。

　やがて、唐の軍隊は、瑞穂国の都、神道基地、空軍基地を、次々に破りました。ただし、ピラミッドには立ち入ることができず、略奪ができなかった、と陰謀論の分野では言われています。各ピラミッドには、精霊が住んでいて、清い心を持った人だけが通れるのかもしれません。

　ついに瑞穂国の首都は、唐側の桓武天皇により、陥落したと思い

ます。このとき、瑞穂国の曽我氏は唐側に降伏しましたが、一方の栗原氏は徹底交戦をしたようです。

　瑞穂国で最後まで抵抗していたのは、北防衛都の２代目と思われます。この都は、周囲の状況を見ると、北防衛都の１代目の都を移設してから、それほど年数を置かずに、破れたと思われます。

　瑞穂国では都の北に祖先を祀る古墳や寺を置きますが、北防衛都の２代目の北にある、中尊寺金色堂（岩手県平泉町）には多くのミイラが祀られています。やはり、北防衛都の２代目が、最後の都に相応しいです。瑞穂国が完全に征服されたのは、１２世紀のことと思います。

悪徳な唐進駐軍による日本統治

　ブルーブラッド人５家族が率いる唐進駐軍は、瑞穂国を征服してから、日本の統治に専念します。やはり、異次元の悪徳レプティリアンにコントロールされていて、恐怖政治、専制政治を続けました。

・瑞穂国のことを知っている学者を、殺した。
・瑞穂国のことが書かれた書物を、焼却した。
・自分たちに都合の良い嘘を書いた歴史書を作成した。曽我氏は悪役として登場し、栗原氏は載せなかった。

・瑞穂国、栗原氏、曽我氏の存在が分からないように、地名を変更した。
・栗原氏の本家を秦野市に住まわせ、曽我氏の本家を小田原市東部に住まわせ、その間の秦野市千村に唐進駐軍が拠点を置いた。

・朝廷を作り、ブルーブラッド人5家族のうち天皇家を、天皇にした。
・朝廷内部では、南町と北朝が対立を繰り返した。
・幕府を作り、ブルーブラッド人5家族のうち竹内家を将軍にした、と思われる。
・日本全国を、朝廷と幕府が二重行政を行った。

※ドラコニアンが秘密裏に、ブルーブラッド人天皇家の遺伝子を、レプティリアンとドラコニアンの混血から、ドラコニアン系に戻しました。

◎瑞穂国の神道の力を弱くするため、次のことを行った。
・地球の山と海を作った男神のアマテルを、女神に偽造して、天照大神として、祀った。
・地球の大気を作った国常立尊を外して、豊受大御神を祀った。
・これらを実行する、伊勢神宮を作った。

◎日本国内に、自分たちの支配を強化するため、次の悪魔教の宗教

施設を設置しました。

加茂神社（別雷）、白山神社（ククリヒメ）、権現神社

稲荷神社（ウタカタノミタマ）、八幡神社（応神、神功、武内宿禰）、

天満神社（菅原道真）、道教、仏教

読者の皆さんが生まれた時の名字が、「小野」、「藤」、「竹」、「武」、「加茂」、「鴨」を含んでいる場合は、皆さんは現在の支配層の可能性があります。

唐進駐軍当局による日本弾圧

その後も、唐進駐軍は世界制覇には向かわずに、日本国内に留まって締め付けを継続しました。日本国内のピラミッド内の財宝を、どうしても手に入れたいのでしょうか。

参考図書の雑誌ムーによると、江戸時代の１６６３年、三重県志摩市の伊雑宮で古文書が発見され、それを１６７９年に先代旧事本紀大成経として出版しました。

ところが、この本は、当局の伊勢神宮より伊雑宮の方が正統である、という内容であったので、江戸幕府が偽書と認定しました。結局、著者と原稿提供者が逮捕されて流罪、本と版木は燃やされました。

　また、参考図書の雑誌ムーによると、江戸時代末期に、神道の一つとして大本（おおもと）、天理教、金光教、黒住教が生まれ、天皇家を否定して、当局に反発する教えを広めました。その後、天理教、金光教及び黒住教は、当局に懐柔されましたが、大本だけは当局への反発を貫きました。

　大本は、国常立尊を祀り、現在の皇室は正統ではなく、本当の天皇家は別にいる、としました。そして、昭和天皇の服装を真似たり、私設の軍隊を作ったりして、当局を挑発しました。

　結局、昭和１０年に当局は大本の弾圧に踏み切り、出口王仁三郎ら幹部を逮捕、本部施設を爆破しました。本部２ヵ所、支部１９８７ヵ所、信者１０万人以上の大本は解散させられました。

　これらは、伝統的な日本の保守勢力と唐進駐軍当局との永い闘争と思います。

第４章　現代の地球支配者への対抗勢力

ドラコニアンの地球介入再開

　正義感のある宇宙人ドラコニアンは、４世紀末に悪徳な宇宙人であるレプティリアンと戦争を行い、地球上に被害を出してしまいました。そして、それを反省するため、長い間、地球上を離れていました。

　ところが、遠くから地球上を観察してみると、せっかく作ったブルーブラッド人達が主導する地球社会が、悪い方向に進んでしまいました。狡猾なレプティリアンの作戦であることは、すぐに分かります。

　そして、第２次世界大戦になり、地球人が核兵器を使用したことを理由に、ドラコニアンは地球介入の再開を決定しました。やはり核兵器は、超えてはいけない一線だったのです。これは、陰謀論の分野で言われていることです。

ドラコニアンの地球救出政策

　ドラコニアンは、第２次世界大戦以降、地球に直接介入しました。その政策は、次のようものです。

・日本の天皇家は、遺伝子をドラコニアン系に保つ。
・日本に、ブルーブラッド人支配者の言うことを聞かない、指導者を作る。

・支配者が、瑞穂国から奪った神器を、日光の東照宮に隠しているので、監視する。（図16参照）

・瑞穂国の神器が保管されている名古屋の熱田神宮と、ピラミッドに入れる浅間山を守る。（図17参照）

・長野県伊那市の美和湖の地下に、日本を防衛する電磁シールドバリアと核ミサイルを配備する。（図18参照）

・北朝鮮の皇統を変更して、ドラコニアン系の王室を作る。

・北朝鮮に、核ミサイルを配備する。

・イランに革命を起こして、ドラコニアン系の指導者を作る。

・イランに、核ミサイルを配備する。

※福島原発地下にあるドラコニアン側の核ミサイル工場が、レプティリアン側の東日本大震災攻撃で破壊されて、遅れている。

・世界中に、強力なコロナウイルスをばら撒く。ただし、日本人には被害の少ない品種とする。

・最終的に、欧米中国のブルーブラッド人13家族と、日本の天皇家を除くブルーブラッド人4家族を排除する。

　この項はかなりの部分を、参考図書の高山氏の著作を参考にしています。

私たちにできる抵抗運動

　現在は、ドラコニアン勢力が地球を救うために、レプティリアンやブルーブラッド人支配者と戦争を行っています。

　現在は、地球革命戦争の最中ですから、私たち一般の地球人、日本人は、旧支配体制側のブルーブラッド人の命令に従う必要は、もうありません。

・政府や役所は、命令を無視して、国民を締め付けるような、政策を行わない。

・自衛隊や警察は、命令を無視して、一般市民を攻撃しない。

・国際的な法律、日本の法律、役所が出す命令を信用しないで、守らない。

・マスコミは、命令を無視して、正しい情報を流す自前の放送を行う。

・ＩＴ企業は、インターネットと独立した自前のネットワークを作る。

・自分の頭で考えて、善悪を判断する。

・一般市民同士が仲良くして、生き残るために、助け合う。

・外国の全ての一般市民は、支配者に採取された被害者なので、仲良く助け合う。

・技術者の方は、技術に困っている一般の人を助ける。

・自分の生活圏の異常気象や災害に備える。

・借金を返済しない。

・現在の場所から立ち退くように命令が出ても、居座る。

・銀行の預金を現金にして、金庫に保管する。

・各種のカードを利用しない。

・なるべく現金で決済する。

・命令を無視して、組織の会計帳簿を作成したり、検査はしない。

・自分の組織内、地域内に人、資金、技術、ノウハウを蓄積する。

・神社では、ピラミッドに隠された神器を借りて、祈る。

・仏教やキリスト教は、基本的に古神道と通じるところがあるので、祈る。

・学校は、命令を無視して、一人ひとりにあった教育を行う。

・衣料メーカーは、命令を無視して、健康に良い材料で、衣服を作る。

・建築では、命令を無視して、健康に良い材料で家を造る。

・農家は、命令を無視して、農薬を使わない。

・食品会社では、命令を無視して、健康に良い材料で食品を作る。

・製造企業は、命令を無視して、一般の人に必要な製品を作る。

・病院では、命令を無視して、患者に医薬品を出さない。

・病院は、命令を無視して、予防接種やワクチン接種をしない。

・原子力発電所を稼働しない。

ブルーブラッド人の処刑の情報

　参考図書の上部氏著「闇の政府をハーモニー宇宙艦隊が追い詰めた！」によると、銀河連盟の総司令官の話として、地球の悪しき宇宙人１３人を処刑した、とのことです。そして、地球には、処刑すべき悪しき人が、まだ１０万人残っているようです。

新しい地球政府の政策

　地球の支配者ブルーブラッド人が退場した後、ドラコニアンや銀河連盟の支援を受けて、新しい地球政府を立ち上げる、と予想されます。

　その政策は、古来からの地球の保守勢力の価値観に基づいて、次のようなものになる、と考えます。

・地球政府は、地球人を幸せにする。

・マスコミは、正しいことを報道する。

・旧支配体制下で、搾取していた人と搾取されていた人が、和解する。

・異常気象や自然災害が、あまり起こらなくなる。

・学校と宗教法人は、正しいことを教える。

・食品と飲料は、安全になる。

・医療は自然療法を用い、医薬品は要らなくなる。

・発電はフリーエネルギーを用い、大型発電所は要らなくなる。

・事故や犯罪が、あまり起こらなくなる。

・ドラコニアン系王制は、維持する。

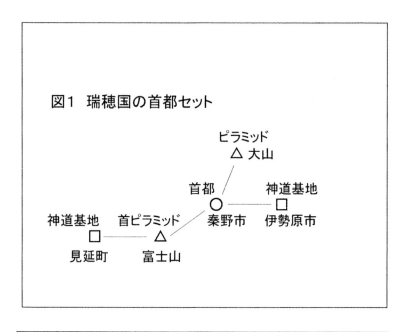

図1　瑞穂国の首都セット

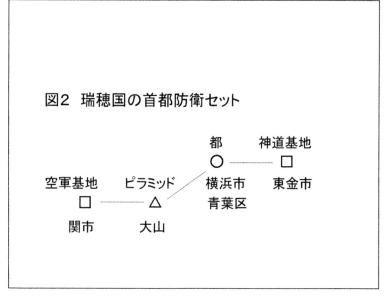

図2　瑞穂国の首都防衛セット

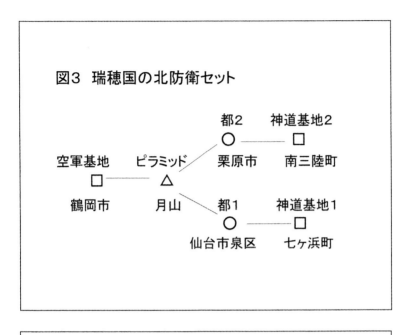

図3　瑞穂国の北防衛セット

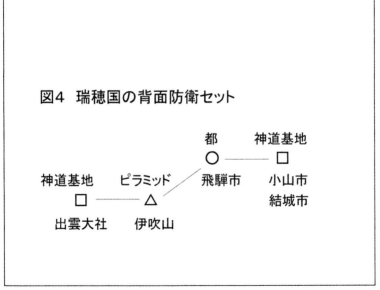

図4　瑞穂国の背面防衛セット

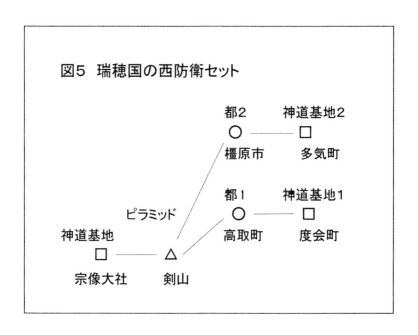

図5　瑞穂国の西防衛セット

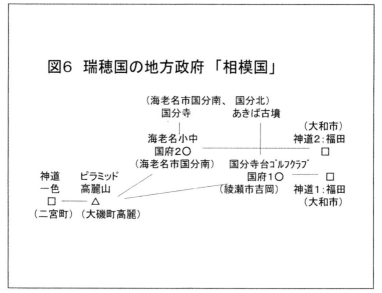

図6　瑞穂国の地方政府「相模国」

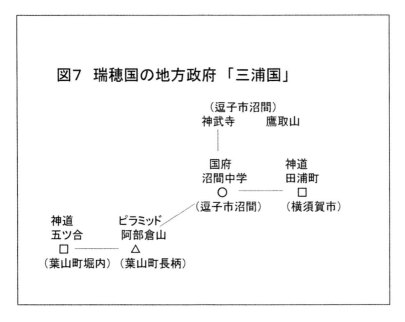

図7　瑞穂国の地方政府 「三浦国」

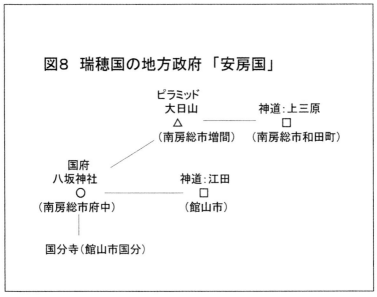

図8　瑞穂国の地方政府 「安房国」

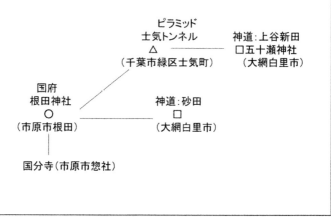

図9　瑞穂国の地方政府「上総国」

ピラミッド
士気トンネル
△
（千葉市緑区士気町）

神道：上谷新田
□五十瀬神社
（大網白里市）

国府
根田神社
○
（市原市根田）

神道：砂田
□
（大網白里市）

国分寺（市原市惣社）

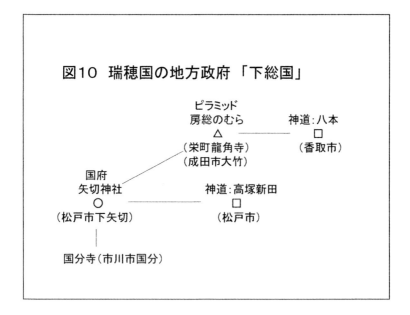

図10　瑞穂国の地方政府「下総国」

ピラミッド
房総のむら
△
（栄町龍角寺）
（成田市大竹）

神道：八本
□
（香取市）

国府
矢切神社
○
（松戸市下矢切）

神道：高塚新田
□
（松戸市）

国分寺（市川市国分）

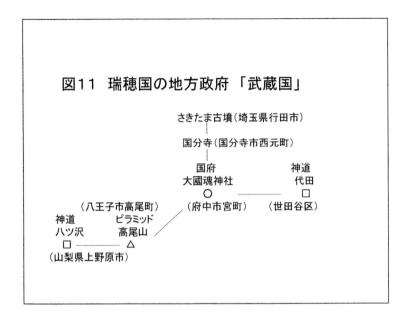

図11　瑞穂国の地方政府「武蔵国」

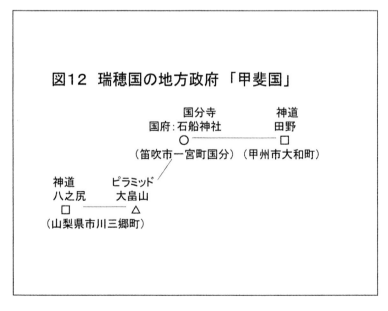

図12　瑞穂国の地方政府「甲斐国」

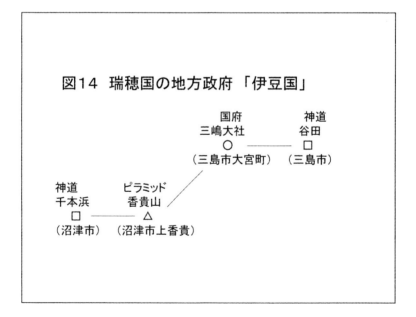

図13　瑞穂国の地方政府 「駿河国」

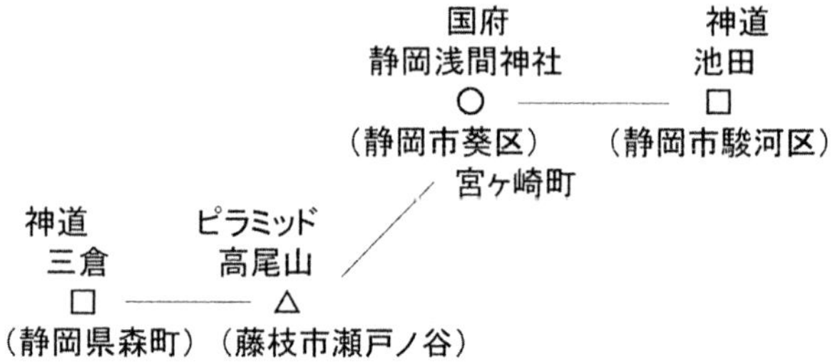

図14　瑞穂国の地方政府 「伊豆国」

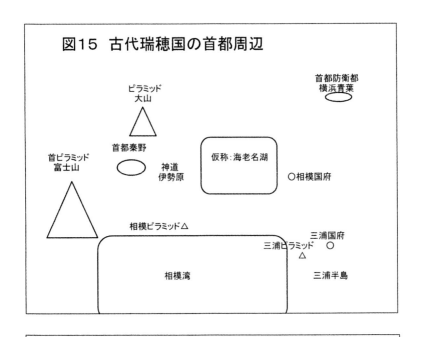

図15　古代瑞穂国の首都周辺

図16　現在のドラコニアン北関東基地

栗山東照宮　岩間　栗山ダム
日光市
東照宮　　　栗原
中禅寺湖　　　　　　　　　貴船神社
浅間神社
阿蘇神社
草木湖
栗生山　　　座間
桐生市　諏訪神社
みどり市大間々町
貴船神社

前橋市　　伊勢崎市

※支配者が、瑞穂国から奪った神器を東照宮に隠しているので、監視している。

51

図17 現在のドラコニアン中京基地

恵那市　　　　中津川市
貴船神社　貴船神社　**浅間山**
可児市　神明神社　　　　瑞浪市
貴船神社　八坂神社　　　貴船神社
久々利　**浅間山**　　　土岐市
　　　浅間神社　　　曽木町
　　八曽山

小牧市
貴船神社
　　　　　　　　　　春日井市　　瀬戸市
　　　　　　　　　　廻間町　　　冒野町
名古屋市　　　　浅間神社
熱田区　　名東区
熱田神宮　貴船神社
　　　　桶狭間

※瑞穂国の神器を保管している熱田神宮と、中京地域でピラミッドに入る浅間山を守っている。

図18 現在のドラコニアン長野基地

諏訪大社下社
諏訪湖
諏訪大社上社
守屋山
　　　　　　　入笠山
木曽町
　　　　　　栗巾　栗田
伊那市　　勝間
美和ダム
美和湖　　**熱田神社**

大曽倉　栗沢

※美和湖の地下に、電磁波シールドと核ミサイルを配備し、日本列島を守っている。

第2部　タブーに切り込む陰謀論捕捉編

本書の狙い

　本書は、日本と世界は、隠れた悪徳の宇宙人ブルーブラッド人に支配されてという、陰謀論です。

　特に、日本の瑞穂国についての記述内容は、支配者の許容範囲を超えていると思います。従来ならば、支配者の検閲で出版を禁止されたり、大幅削除を要求されます。

　ところが現在は、正義の宇宙人ドラコニアン達が、ブルーブラッド人から地球の支配権を取り戻そうと、戦争を行っています。

　このような戦時下においては、私著者、出版会社、販売会社及び書店が、何としても読者に本当のことを伝えるのだ、という強い意志で連携したい。そして、正義の神様や宇宙人達を味方に付けて臨めば、出版・発売が実現できると思います。

　本書は、第1部は皆さんに早く伝えたい重要なことを、まとめました。これだけでは、説明が不足していることが多々ありますので、この第2部で補足説明させていだきます。

支配者による瑞穂国の地名隠し

　日本の支配者であるブルーブラッド人、唐進駐軍は、自分達が滅ぼした瑞穂国の痕跡を無くそうとして、本当の地名を、別の場所に隠しました。

　日本の支配者はパズルが好きなようで、本当の地名がパズルのように隠されています。次項以降に、私が調べた範囲を紹介します。

支配者による瑞穂国の地名隠し——国名

　次項の通り、瑞穂国の首都の地名が岐阜県に隠されていたため、国名は岐阜県の市町村の中に隠されています。岐阜市と大垣市に挟まれた瑞穂市が相応しいです。近くにある扶桑町も気になりますが、これは愛知県でした。

　したがって、［日本］の古代の国名は｛瑞穂国｝です。

支配者による瑞穂国の地名隠し——首都セットの都

　神奈川県秦野市の瑞穂国の首都の地名は、他の県に隠されています。探したところ、岐阜県にあることが分かりました。

・秦野市の山沿いの［羽根と小羽根］を、関市の｛迫間と小迫間｝と交換します。そうしますと、〇間は、都で一番大切な仕事を行う場所の地名です。｛小迫間｝にある須賀神社には賽銭箱がありません。

・｛迫間｝からは首都セットのピラミッドに入り、｛小迫間｝から首都防衛セットのピラミッドに入れるのでは、と思います。

・秦野市の｛迫間、小迫間｝に隣り合う山沿いの［西田原、東田原］がありますが、山県市の田栗を入れると、｛西栗原、東栗原｝となり、栗原氏の拠点になります。

・｛西栗原、東栗原｝から川を挟んで、平坦な［曽屋］は、岐阜市の曽我屋を入れると、｛曽我｝と曽我氏の拠点になります。｛曽我｝は、現在の弘法山まで広がっていますが、この［弘法山］の本当の

名前は、関市の〔迫間山〕であり、ピラミッドに入れる山となります。

・首都の都の名前は、岐阜県の市町村の中に隠されています。候補は、御嵩町か山県市です。秦野市は御嶽神社が多いので、首都の都は〔御嵩京〕が相応しいです。

・［秦野市］〔御嵩京〕内の元町の［龍門寺］は、関市迫間の薬師寺と名称を交換して、〔薬師寺〕とするのが良いと思います。

支配者による瑞穂国の地名隠し——首都セットのピラミッド

・瑞穂国の首ピラミッドは、現在の名称は［富士山］ですが、本当の名前は、岐阜県の中の山に隠されています。探してみると、白川村の〔大倉山〕が相応しいです。

・［富士山］〔大倉山〕を祀っている富士宮市について、山沿いの［宮原］に静岡市駿河区の栗原を代入すると〔宮栗〕と栗原氏の拠点になります。

・富士宮市の川沿いの［野中］に、浜松市天竜区の大園＝大曽野を代入すると、〔大曽中〕と曽我氏の拠点となります。ここの川の水量は凄いです。

支配者による瑞穂国の地名隠し——首都セットの東の神道基地

・首都の東側には、神奈川県伊勢原市［伊勢原］があります。伊勢が付く地名は、神道基地です。

・［伊勢原］の東に［上谷］があり、小田原市の上曽我を代入する

と｛曽我谷｝となり、曽我氏の拠点になります。

・［伊勢原］の南に平塚市の［城所＝木所］があり、川崎市麻生区の栗木を代入すると、｛栗所｝と栗原氏の拠点になります。

・また、［伊勢原］、｛曽我谷｝、｛栗所｝に囲まれた沼目は、土地が非常に低く、以前に祭祀が沼の水面で占いをしたものと思います。

支配者による瑞穂国の地名隠し――首都セットの西の神道基地

・首ピラミッドの西側には、山梨県身延町［和田］があります。田が付く地名は、神道基地です。

・［和田］の南の川沿いに［大島］があり、上野原市の大曽根を代入すると、｛曽根島｝と曽我氏の拠点となります。

・［和田］の北の山沿いに［梅平］があり、都留市の平栗を代入すると、｛梅栗｝と栗原氏の拠点になります。

支配者による瑞穂国の地名隠し――首都防衛セットの都

　瑞穂国の首都防衛セットの都は、神奈川県横浜市青葉区です。この都の地名は神奈川県内に隠されています。

・横浜市青葉区の［みたけ台］に、横浜市栄区の｛笠間｝を入れると、都で一番大事な仕事をする場所になります。私が都の現地調査をするときは、いつも雨で傘を差します。

・｛笠間｝の南東の［柿の木台］に、川崎市麻生区の栗木台を代入すると、｛柿の栗｝と栗原氏の拠点になります。

・｛笠間｝の南西の［桜台］に、藤沢市のみその台＝御曽野台を代

入すると、{桜御曽野｝と曽我氏の拠点となります。

・この都の名前は、神奈川県内の市町村に隠されていて、大和市が相応しいので、{大和京｝となります。

・{笠間｝の中の祥泉院は、古代の薬師寺の跡と思います。

支配者による瑞穂国の地名隠し——首都防衛セットのピラミッド

・瑞穂国の首都防衛セットのピラミッドは、神奈川県にある現在の名前は［大山］です。古代の本当の名前は、相模原市緑区に隠されていて、{小倉山｝となります。首ピラミッドの｛大倉山｝との対比が良いです。

・ピラミッド山頂の南東に広がる伊勢原市［大山］地区に、横浜市港北区の大曽根を代入すると、{曽根山｝と曽我氏の拠点になります。

・山頂の北に広がる清川村の［煤ヶ谷］に、横浜市神奈川区の栗田谷を代入すると、{煤ヶ栗田｝と栗原氏の拠点となります。

支配者による瑞穂国の地名隠し——首都防衛セットの東の神道基地

・神奈川県の｛大和京｝のずっと東に、千葉県東金市の［田間］があります。田間は神道基地を意味します。

・［田間］の西にある東金市の［東金＝時金］に、匝瑳市の時曽根を代入すると、{曽根金｝と曽我氏の拠点になります。

・［田間］の少し西方向の東金市の［山田］に、横芝光町の栗山を代入すると、｛栗田｝と栗原氏の拠点となります。

　現在は、この辺りは平らな農地が広がりますが、山間部は台風による倒木が酷いようです。

支配者による瑞穂国の地名隠し──首都防衛セットの西の空軍基地

・神奈川県の｛小倉山｝のずっと西に、岐阜県関市の［迫間、小迫間］があります。首都で説明したように、関市の［迫間と小迫間］と、秦野市の｛羽根と小羽根｝を、交換します。

・［関市］の関、｛羽根・小羽根｝の羽が付く地名は、空軍基地を意味します。

・｛羽根｝の東にある［大杉］に、美濃市の曽代＝曽大を代入すると、｛曽杉｝と曽我氏の拠点になります。

・また、｛曽杉｝の周囲の［西田原、東田原］に、垂井町の栗原を代入すると、｛西田栗、東田栗｝と栗原氏の拠点となります。

・この基地では、曽我氏の拠点を、栗原氏の拠点が取り囲んでいます。

支配者による瑞穂国の地名隠し──北防衛セットの都

　瑞穂国の北防衛セットの都は、１回移設しています。

☺最初の都は、宮城県仙台市の泉区です。仙台市泉区の［実沢］に、気仙沼市の｛長岩間｝を入れると、都で一番大事な仕事をする場所

となります。

・{長岩間}の北の［小角］に、色麻町の小栗山を代入すると、{栗山角}と栗原氏の拠点となります。

・{長岩間}の南の［北中山］に美里町の素山＝曽山を代入すると、{北中曽}と曽我氏の拠点となります。

・都の名前は、宮城県内の市町村に隠されていますが、候補は、山元町と大和町です。私は、最初の都は、{山元京}が相応しいと思います。

・{長岩間}の中に林泉寺と西照寺がありますので、どちらかが薬師寺の跡と思います。

◎２代目の都は、宮城県栗原市です。栗原市の伊豆沼の北の志波姫［南郷］に（長岩間）を入れると、都で一番大事な仕事をする場所になります。

・{長岩間}の西側の栗原市志波姫［新上戸＝新阿我戸］に、南三陸町の阿曽を代入すると、{新曽我戸}と曽我氏の拠点となります。

・{新曽我戸}の北の志波姫［新原］に、栗原市の栗駒栗原を代入すると、{新栗}と栗原氏の拠点となります。

・２番目の都の名前は、残りの大和町を選んで、{大和京}が相応しいです。私は、この北防衛セットの大和京の戦いを最後に、瑞穂国は滅びたと思います。後の第二次世界大戦での、支配者による戦艦大和の起用方法も重なります。

・{長岩間}の近くに法泉寺と龍昌寺があり、どちらかが薬師寺の

跡と思われます。

支配者による瑞穂国の地名隠し──北防衛セットのピラミッド

・瑞穂国の北防衛セットのピラミッドは、山形県の鶴岡市、庄内町、西川町の境界に山頂がある、［月山］です。［月山］は現在の名称ですが、近くにある山形県戸沢村の｛高倉山｝が、本来の古代の名称です。

支配者による瑞穂国の地名隠し──北防衛セットの東の神道基地

　北防衛セットでは、都を1回移転しているため、東の神道基地も一回移しています。

◎最初の神道基地は、宮城県の七ヶ浜町の［吉田浜］です。田の付く地名は、神道基地を表します。

・［吉田浜］の南の七ヶ浜町の［花渕浜］に、利府町の花園＝花曽野を代入すると、｛曽野渕浜｝となります。

・［吉田浜］、｛曽野渕浜｝の西側に、塩竈市の［牛生町］があり、仙台市青葉区の栗生を代入すると、｛牛栗町｝となります。

◎2番目の神道基地は、宮城県南三陸町の歌津［田の浦］です。

・［歌津］の北にある気仙沼市の本吉町［蕨野］に、石巻市の美園＝美曽野を代入すると、｛蕨美曽｝となります。

・｛蕨美曽｝の北西にある本吉町［小金山］に、色麻町の小栗山を

代入すると、{金栗} となります。

支配者による瑞穂国の地名隠し――北防衛セットの西の空軍基地

・北防衛セットの{高倉山}の西にある、山形県鶴岡市の［鼠ヶ関］が空軍基地です。関や羽が付く地名は、空軍基地を表します。

　瑞穂国の都セットでは、西に空軍基地か〇〇大社を置くことがあります。

支配者による瑞穂国の地名隠し――背面防衛セットの都

　瑞穂国の背面防衛セットの都は、岐阜県の飛騨市古川町です。

・飛騨市古川町［杉崎］に、群上市の{入間} を入れると、都で一番大事な仕事をする場所になります。ピラミッドに入る雰囲気があります。

・{入間} の南東の古川町［下気多、上気多］に、群上市の下栗巣、上栗巣を代入すると、{栗巣気多} と栗原氏の拠点となります。

・{入間} 及び{栗巣気多} と川を挟んで南西に広がる、古川町［下野、中野、上野］に、群上市の野添＝野曽江を代入すると、{下曽江、中曽江、上曽江} と曽我氏の拠点となります。

・都の名前は、岐阜県内の市町村から選びますが、御嵩町は首都で使用しています。背面防衛の都名には、山県市を採用して、{山県京} が相応しいです。

・{入間} の近くには、西光寺と寿楽寺がありますので、どちらか

が薬師寺の跡と思われます。

支配者による瑞穂国の地名隠し——背面防衛セットのピラミッド

・瑞穂国の背面防衛セットのピラミッドは、滋賀県米原市と岐阜県揖斐川町に股がる［伊吹山］です。［伊吹山］は現在の名前ですが、近くにある山頂が米原市と岐阜県関ヶ原町には挟まれた｛岩倉山｝が、古代の本来の名称です。

・｛岩倉山｝の南西に広がる米原市の［上野］に、大津市の園山＝曽野山を代入すると、｛上曽山｝となり、曽我氏の拠点となります。

・米原市の［須川＝栖川］に多賀町の栗栖を代入すると、｛栗川｝となり、栗原氏の拠点になります。

支配者による瑞穂国の地名隠し——背面防衛セットの東の神道基地

　｛山県京｝のずっと東に、栃木県小山市の［田間］と、茨城県結城市の［田間］がありますが、田間は神道基地を表しますので、両者を合わせた基地があったと思います。

支配者による瑞穂国の地名隠し——背面防衛セットの西の神道基地

・｛岩倉山｝のずっと西に、島根県出雲市の［出雲大社］があります。瑞穂国では、西の神道基地に大社を置くことがあります。

・[出雲大社]は現在の名前ですが、近くに八雲山がありますので、古代には｛八雲大社｝だったかもしれません。

支配者による瑞穂国の地名隠し──西防衛セットの都

　瑞穂国の西防衛セットの都は、１回、移転しています。

◎最初の都は、奈良県高取町です。高取町の［清水谷］に、宇陀市の大宇陀｛迫間｝を入れると、都で一番人事仕事をする場所になります。

・｛迫間｝の東の［壷阪］に、御所市の栗阪を代入すると、｛壷栗｝と栗原氏の拠点になります。

・｛迫間｝の西の［丹生谷］に、五條市の大塔町惣谷＝曽生谷を代入すると、｛丹曽｝となり、曽我氏の拠点となります。

・最初の都の名前は、奈良県の市町村に隠されていますので、大和郡山市を選んで、「大和郡山京」が相応しいです。

・｛丹曽｝と｛迫間｝の間に、都の［薬師寺］が現在も存在します。

◎２番目の都は、奈良県橿原市の藤原京の場所です。橿原市の［別所町］に、宇陀市の｛笠間｝を入れると、都で一番大事な仕事をする場所になります。

・｛笠間｝の南の橿原市［小山］に、東吉野村の小栗栖を代入すると、｛栗栖山｝となり、栗原氏の拠点となります。

・｛栗栖山｝と川を挟んで向かい側の橿原市の［田中町］に、奈良市の園田町＝曽野田町を代入すると、｛曽野中｝と曽我氏の拠点と

なります。

・2番目の都の名前は、大和高田市を選んで、{大和高田京}が相応しいです。

・{曽野中}の北に本薬師寺の跡があります。

支配者による瑞穂国の地名隠し——西防衛セットのピラミッド

・徳島県の三好市、美馬市、那賀町に山頂が隣接する［剣山］が、瑞穂国の西防衛セットのピラミッドです。［剣山］は現在の名前ですが、古代の本当の名前は、近くの那賀町にある{岩倉山}です。

支配者による瑞穂国の地名隠し——西防衛セットの東の神道基地

　西防衛セットの東の神道基地は、都が移設した関係で、1回移転しています。

・最初の神道基地は、{大和郡山京}の東の、三重県度会町の［田間］です。

・2番目の神道基地は、{大和高田京}の東の三重県多気町の［三疋田、四疋田］と思われます。

支配者による瑞穂国の地名隠し——西防衛セットの西の神道基地

・{岩倉山}ピラミッドのずっと西にある、福岡県宗像市の筑前大島の［宗像大社中津宮］が、神道基地です。都セットでは、西に大

社の神道基地か、空軍基地を置くことがあります。

・［宗像大社］も現在の名前ですから、近くに御嶽という山がありますので、古代には｛御嶽大社｝だったかもしれません。

支配者と保守勢力の宗教戦争

　ブルーブラッド人、唐進駐軍である日本の支配者側と、支配者から日本を守ろうとするドラコニアン、神様の保守勢力側は、双方とも、日本の各地で神社等の宗教施設を配備して、常時、宗教戦争を行っています。

支配者と保守勢力の宗教戦争——瑞穂国首都セットの都

　瑞穂国の首都は、現在の神奈川県秦野市です。保守勢力側と支配者側の宗教施設を、現在の名称と住所で紹介します。

＜保守勢力側の宗教施設＞

・須賀神社（秦野市羽根）

・東田原神社（秦野市東田原）

・八坂神社（秦野市本町３）

・龍門寺（秦野市元町）　　＊秦野市の龍門寺と、関市の薬師寺の名前を交換するものと思われる

・熊野神社（秦野市曽屋）

・出雲大社（秦野市平沢）

・御嶽神社（秦野市堀西）

・神明神社（秦野市渋沢）

＜支配者側の宗教施設＞

・白山神社（秦野市西田原）

・八幡神社（秦野市西田原）

・曽屋神社（秦野市曽屋1）

・賀茂神社（秦野市曽屋）

・白山神社（秦野市曽屋）

・白笹稲荷神社（秦野市今泉）

・八幡神社（秦野市尾尻）

・白山神社（秦野市千村）

支配者と保守勢力の宗教戦争──瑞穂国首都セットのピラミッド

　瑞穂国の首ピラミッドは、現在の静岡県と山梨県に股がる富士山です。ここでは、保守勢力側と支配者側が、富士山周辺に設置した宗教施設を、現在の名称と住所で紹介します。

＜保守勢力側の宗教施設＞

・貴船神社（富士宮市貴船町）

・浅間大社（富士宮市宮町）

・琴平神社（富士宮市万野原新田）

・伊勢神明宮（富士宮市村山）

＜支配者側の宗教施設＞

・白山神社（富士宮市天間）

・権現神社（富士宮市小泉）

・八幡神社（富士宮市小泉）

・稲荷神社（富士宮市大宮町）

・八幡宮（富士宮市宮原）

・権現社（富士宮市粟倉）

・白山神社（富士宮市佐折）

支配者と保守勢力の宗教戦争—— 瑞穂国首都セットの東神道基地

　首都セットの東の神道基地は、現在の神奈川県伊勢原市です。保守勢力と支配者が設置した宗教施設を、現在の名称と住所で紹介します。

＜保守勢力側の宗教施設＞

・伊勢原大神宮（伊勢原市伊勢原３）

・八雲神社（伊勢原市坂戸）

・比々多神社（伊勢原市三ノ宮）

・池田神社（伊勢原市上谷）

・日月神社（伊勢原市沼目２）

・八坂神社（伊勢原市小稲葉）

・神明社（伊勢原市下平間）

・貴船神社（平塚市城所）

＜支配者側の宗教施設＞

・八幡神社（伊勢原市東大竹）

・沼目山稲荷（伊勢原市沼目１）

・八幡神社（伊勢原市下谷）

・稲荷大明神（伊勢原市上平間）

・稲荷神社（伊勢原市下平間）

・八幡神社（平塚市小鍋島）

支配者と保守勢力の宗教戦争——瑞穂国首都セットの西神道基地

　瑞穂国の首都セットの西の神道基地は、現在の山梨県身延町です。保守勢力と支配者が設置した宗教施設を、現在の名称と住所で紹介します。

＜保守勢力側の宗教施設＞

・熊野神社（身延町和田）

・神明社（身延町清子）

・伊勢神明神社（身延町大島）

・熊野神社（身延町光子沢）

・諏訪神社（南部町南部）

・本宮御嶽神社（南部町内船）

・浅間神社（南部町内船）

・熊野神社（南部町大和）

・伊勢神明宮（身延町三沢）

・八雲神社（南部町福士）

＜支配者側の神道施設＞

・願満稲荷大菩薩（身延町身延）

・瘡守稲荷大明神（身延町身延）

・八幡神社（身延町波気井）

・八幡神社（身延町大島）

・八幡神社（身延町横根中）

・若宮八幡宮（南部町本郷）

・八幡神社（南部町内船）

・一宮賀茂神社（身延町下山）

支配者と保守勢力の宗教戦争――瑞穂国首都防衛セットの都

　瑞穂国の首都防衛セットの都は、現在の横浜市青葉区です。保守勢力と支配者が用意した宗教施設を、現在の名称と住所で紹介します。

＜保守勢力側の宗教施設＞

・杉山神社（横浜市青葉区みたけ台）

・祥泉院（横浜市青葉区みたけ台）　　　＊薬師寺の跡と思われる

・医薬神社（横浜市青葉区柿の木台）

・杉山神社（横浜市青葉区千草台）

・八坂神社（横浜市青葉区田奈町）

・杉山神社（横浜市緑区西八朔町）

・杉山神社（横浜市緑区中山町）

・杉山神社（横浜市緑区鴨居４）

・八雲神社（横浜市青葉区市が尾町）

・琴平神社（川崎市麻生区王禅寺）

・神明神社（横浜市青葉区恩田町）

・伊勢社（横浜市青葉区新石川2）

・熊野神社（横浜市青葉区寺家町）

＜支配者側の宗教施設＞

・八幡神社（横浜市緑区台村町）

・白山神社（横浜市緑区白山2）

・八幡神社（横浜市青葉区荏子田1）

・住吉神社（横浜市青葉区奈良町）

支配者と保守勢力の宗教戦争——瑞穂国首都防衛セットのピラミッド

　瑞穂国の首都防衛セットのピラミッドは、神奈川県の秦野市、伊勢原市、厚木市、清川村に股がる、現在の大山です。保守勢力と支配者の宗教施設を、現在の名称と住所で記します。

＜保守勢力側の宗教施設＞

・阿夫利神社（伊勢原市大山）

・阿夫利神社下社（伊勢原市大山）

・御嶽神社（秦野市蓑毛）

・神明社（秦野市小蓑毛）

＜支配者側の宗教施設＞

・大新稲荷神社（伊勢原市大山）

・八幡神社（秦野市菩提）

支配者と保守勢力の宗教戦争——瑞穂国首都防衛セットの東神道基地

　瑞穂国の首都防衛セットの東の神道基地は、現在の千葉県東金市です。保守勢力と支配者の宗教施設を、現在の名称と住所で記します。

＜保守勢力側の宗教施設＞

・五十瀬神社（東金市東金）

・田間神社（東金市田間）

・熊野神社（東金市松之郷）

・八坂神社（東金市松之郷）

・五十瀬神社（東金市八坂台）

・熊野神社（山武市姫島）

・厳島神社（東金市大豆谷）

・熊野神社（東金市幸田）

・厳島神社（東金市御門）

・五十瀬神社（東金市上谷）

・天照皇大神（東金市上谷新田）

・御嶽神社（大網白里市養安寺）

・八坂神社（大網白里市養安寺）

・貴船神社（東金市山田）

＜支配者側の宗教施設＞

・八幡神社（東金市松之郷）

・賀茂神社（山武市森）

・八幡神社（山武市姫島）

・稲荷神社（東金市北之幸谷）

・八幡神社（東金市家徳）

・稲荷神社（東金市川場）

・八幡神社（東金市荒生）

・稲荷神社（東金市上谷）

・八幡神社（大網白里市大網）

・稲荷神社（大網白里市餅木）

・天満宮（東金市小野）

・こんぴら神社（東金市小野）

支配者と保守勢力の宗教戦争──瑞穂国首都防衛セットの西空軍基地

　瑞穂国の首都防衛セットには西に空軍基地があり、現在の岐阜県関市となります。瑞穂国の都セットは、西に空軍基地か大社を置くことがあります。ここでは、保守勢力と支配者が設置した宗教施設を、現在の名所と住所で記します。

＜保守勢力側の宗教施設＞

・神明神社（関市迫間）

・薬師寺（関市迫間）　＊関市の薬師寺と秦野市の龍門寺は、名前を入れ替えるものと思われる。

・神明神社（関市平賀町2）

・貴船神社（関市貴船町）

- 八雲神社（関市倉知）
- 神明神社（関市塔ノ洞）
- 神明神社（富加町加治田）
- 神明神社（富加町羽生）
- 春日神社（富加町高畑）
- 諏訪神社（美濃加茂市加茂野町今泉）
- 神明神社（各務原市須衛町５）
- 諏訪神社（関市黒屋）
- 八坂神社（関市下之保）
- 八坂神社（各務原市蘇原伊吹町３）

＜支配者側の宗教施設＞
- 白山神社（関市迫間）
- 白山神社（関市小迫間）
- 八幡神社（関市東田原）
- 白山神社（関市西本郷通７）
- 白山神社（関市倉知）
- 八幡神社（関市倉知）
- 白山神社（関市志津野）
- 白山神社（富加町瀧田）
- 白山神社（富加町加治田）
- 稲荷神社（富加町瀧田）
- 八幡神社（美濃加茂市加茂野町稲辺）
- 加茂野神社（美濃加茂市加茂野町加茂野）

・白山神社（美濃加茂市蜂屋町中蜂屋）

・加茂神社（美濃加茂市中部台）

・八幡神社（坂祝町深萱）

・白山神社（各務原市鵜沼西町2）

・金山稲荷人神社（各務原市鵜沼東町1）

・白山神社（各務原市蘇原持田町2）

・八幡神社（各務原市須衛町7）

・稲荷大明神（各務原市八木山）

・白山神社（関市十六所）

・八幡神社（関市十六所）

・稲荷神社（関市小瀬）

・八幡神社（関市小瀬）

・白山比メ神社（関市上白金）

支配者と保守勢力の宗教戦争──瑞穂国北防衛セットの都1

　瑞穂国の北防衛セットは都を1回移転しています。1代目の都は、現在の宮城県仙台市泉区です。保守勢力と支配者の宗教施設を、現在の名称と住所で紹介します。

＜保守勢力側の宗教施設＞

・熊野神社（仙台市泉区実沢）

・貴船神社（仙台市泉区小角）

・神明社（仙台市泉区荒巻神明町）

・伊勢神明社（仙台市泉区千代田町）

・大國主神（仙台市泉区三条町）

・八雲神社（仙台市泉区柏木３）

・貴富称神社（仙台市泉区上谷刈５）

・熊野神社（仙台市泉区松森下町）

・須賀神社（仙台市泉区野村萩塚）

・八坂神社（仙台市泉区七北田）

＜支配者側の宗教施設＞

　・白山大明神（仙台市泉区桂１）

　・加茂神社（仙台市泉区古内）

　・平田稲荷神社（仙台市泉区中山６）

　・稲荷大明神（仙台市泉区台原３）

支配者と保守勢力の宗教戦争——瑞穂国北防衛セットの都２

　瑞穂国の北防衛セットの２代目の都は、現在の宮城県栗原市です。保守勢力と支配者の宗教施設を、現在の名称と住所で紹介します。

＜保守勢力側の宗教施設＞

・熊野神社（栗原市志波姫南郷）

・八坂神社（栗原市志波姫荒町北）

・熊野神社（栗原市若柳武鑓）

・八雲神社（一関市花泉町油島）

・八雲神社（一関市花泉町湧津）

・須賀神社（登米市石越町南郷）

・五十瀬神社（登米市石越町南郷）

＜支配者側の宗教施設＞

・八幡神社（栗原市志波姫新治郎）
・稲荷神社（栗原市志波姫伊豆野）
・八幡神社（栗原市志波姫沼崎）
・簱置八幡宮（栗原市若柳上畑岡）
・八幡神社（栗原市若柳川南）
・八幡宮（登米市迫町新田）
・白山ヒメ神社（栗原市若柳武鑓）
・八幡神社（栗原市金成姉歯）
・白山姫神社（一関市花泉町油島）
・八幡神社（登米市石越町北郷）
・伊豆大権現（栗原市築館源光）
・八幡神社（栗原市築館薬師１）
・丹後稲荷神社（栗原市築館館下）

支配者と保守勢力の宗教戦争――瑞穂国北防衛セットのピラミッド

瑞穂国の北防衛セットのピラミッドは、山形県の鶴岡市、西岡町、大蔵村、庄内町に股がる、現在の月山です。保守勢力と支配者が設置した宗教施設を、地図が拡大できないので分かる範囲で、現在の名称と住所で示します。

＜保守勢力側の宗教施設＞

- 琴平神社（鶴岡市細谷）
- 春日神社（鶴岡市黒川）
- 八坂神社（大石田町豊田）
- 諏訪神社（大江町萩野）
- 春日神社（大江町橋上）

＜支配者側の宗教施設＞

- 八幡神社（鶴岡市砂川）
- 稲荷神社（寒河江市留場）
- 八幡神社（鶴岡市野荒町）
- 稲荷神社（鶴岡市上野新田）
- 八幡神社（河北町田沢）
- 白山神社（大江町堂屋敷）

支配者と保守勢力の宗教戦争——瑞穂国北防衛セットの東神道基地1

　北防衛セットの東の神道基地は、都の移転に伴い、1回、移されました。1代目の神道基地は、現在の宮城県の七ヶ浜町と塩釜市です。保守勢力と支配者が設置した宗教施設を、現在の名称と住所で示します。

＜保守勢力側の宗教基地＞

- 須賀神社（塩竈市牛生町）
- 諏訪神社（七ヶ浜町菖蒲田浜）
- 熊野神社（塩竈市浦戸野々島）

・熊野神社（利府町沢乙）

・伊勢神明社（塩竈市小松崎）

・神明神社（利府町加瀬）

・熊野神社（塩竈市権現堂）

・貴船神社（多賀城市市川）

・八坂神社（仙台市宮城野区岩切）

・神明社（七ヶ浜町松ヶ浜）

・五十鈴神社（東松島市宮戸）

＜支配者側の神道基地＞

・八幡宮（利府町利府）

・稲荷宮（塩竈市泉沢町）

支配者と保守勢力の宗教戦争──瑞穂国北防衛セットの東神道基地２

　北防衛セットの東の神道基地の２代目は、現在の宮城県の南三陸町と気仙沼市です。保守勢力と支配者が設置した宗教施設を、現在の名称と地名で紹介します。

＜保守勢力側の宗教施設＞

・八雲神社（南三陸町歌津田の浦）

・五十鈴神社（南三陸町歌津馬場）

・須賀神社（南三陸町志津川天王前）

・春日神社（南三陸町戸倉街道方）

・五十鈴神社（石巻市北上町三浜）

・熊野神社（石巻市北上町三浜）

＜支配者側の宗教施設＞

・旭岡八幡宮（南三陸町歌津田の浦）

・白鳥稲荷（南三陸町歌津長沢）

・八幡神社（気仙沼市本吉町外尾）

・八幡神社（気仙沼市本吉町日門）

支配者と保守勢力の宗教戦争——瑞穂国北防衛セットの西空軍基地

　北防衛セットの西には、空軍基地があります。瑞穂国の都セットは、西に空軍基地か大社を置くことがあります。現在の山形県鶴岡市の鼠ヶ関が、空軍基地です。保守勢力と支配者の宗教施設を、地図を拡大できないので分かる範囲で、現在の名称と地名で示します。

＜保守勢力側の宗教施設＞

・厳島神社（鶴岡市鼠ヶ関興屋）

・八坂神社（鶴岡市鼠ヶ関）

・伊勢両宮（鶴岡市神明町）

・貴船神社（鶴岡市羽黒町）

・春日神社（鶴岡市今泉）

・琴平神社（鶴岡市細谷）

・春日神社（鶴岡市黒川）

＜支配者側の宗教施設＞

・水上八幡神社（鶴岡市水沢）

・八幡神社（鶴岡市羽黒町）

・稲荷神社（鶴岡市上野新田）

・八幡神社（鶴岡市砂川）

支配者と保守勢力の宗教戦争——瑞穂国背面防衛セットの都

　瑞穂国の背面防衛セットの都は、現在の岐阜県飛騨市です。保守勢力と支配者が設置した宗教施設を、現在の名称と住所で紹介します。

＜保守勢力側の宗教施設＞

・諏訪神社（飛騨市古川町杉崎）

・気多若宮神社（飛騨市古川町上気多）

・神明神社（飛騨市古川町上野）

・貴船神社（飛騨市古川町貴船町）

・諏訪神社（高山市国府町上広瀬）

・神明神社（高山市上宝町蔵柱）

・熊野神社（高山市国府町西門前）

・諏訪神社（飛騨市古川町畦畑）

＜支配者側の宗教施設＞

・白山神社（飛騨市古川町数河）

・末高白山神社（飛騨市古川町末真）

・白山神社（飛騨市神岡町柏原）

・白山神社（高山市上宝町荒原）

・白山神社(高山市国府町鶴巣)

・八幡神社(高山市国府町山本)

・加茂神社(高山市国府町上広瀬)

・稲荷神社(高山市国府町今)

・白山神社(高山市国府町糠塚)

・八幡神社(飛騨市古川町寺地)

支配者と保守勢力の宗教戦争──瑞穂国背面防衛セットのピラミッド

　瑞穂国の背面防衛セットのピラミッドは、滋賀県の米原市と長浜市、岐阜県の揖斐川町、垂井町、関ヶ原町に股がる、現在の伊吹山です。保守勢力と支配者の宗教施設を、現在の名称と住所で紹介します。

＜保守勢力側の宗教施設＞

・神明神社（長浜市小野寺町）

・八坂神社（米原市下板並）

・春日神社（長浜市相撲庭町）

・春日神社（長浜市石田町）

・春日神社（米原市夫馬）

・八坂神社（米原市山室）

・春日神社（米原市長久寺）

・貴船神社（長浜市大門町）

・貴船神社（長浜市飯山町）

・清滝神社（米原市清滝）

＜支配者側の宗教施設＞

・八幡神社（長浜市南池町）

・八幡神社（長浜市春近町）

・八幡神社（米原市村居田）

・八幡神社（米原市春照）

・白山神社（米原市藤川）

・八幡神社（長浜市鳥羽上町）

・賀茂神社（米原市米原町）

・加茂神社（長浜市泉町）

支配者と保守勢力の宗教戦争──瑞穂国背面防衛セットの東神道基地

　背面防衛セットの東の神道基地は、現在の栃木県小山市、及び茨城県結城市です。保守勢力と支配者が設置した宗教施設を、地図を拡大できないので分かる範囲で、現在の名称と住所を紹介します。

＜保守勢力側の宗教施設＞

・健田須賀神社（結城市結城）

・貴布禰神社（結城市結城）

・八坂神社（結城市今宿）

・八坂神社（栃木市大平町）

＜支配者側の宗教施設＞

・長沼八幡宮（真岡市長沼）

・稲荷神社（栃木市都賀）

・八幡神社（栃木市西前原）

・八幡宮（小山市乙女）

・黒田八幡宮（小山市東黒田）

支配者と保守勢力の宗教戦争──瑞穂国背面防衛セットの西神道基地

　背面防衛セットの西の神道基地は、島根県出雲市の出雲大社です。瑞穂国の都セットでは、西に大社の神道基地か、空軍基地を置くことがあります。保守勢力と支配者の宗教基地を、地図を拡大できないため分かる範囲で、現在の名称と住所で紹介します。

＜保守勢力側の宗教施設＞

・出雲大社（出雲市大社町）

・須佐神社（雲南市原田）

・貴布神社（松江市和多見町）

・貴船神社（松江市菅田町）

＜支配者側の宗教施設＞

・八幡神社（雲南市三刀屋町）

・稲荷神社（雲南市掛合町）

支配者と保守勢力の宗教戦争──瑞穂国西防衛セットの都１

　瑞穂国の西防衛セットの都は、１回移転しています。初代の都は、現在の奈良県高取町です。保守勢力と支配者の宗教施設を、現在の

84

名称と住所で記します。

＜保守勢力側の宗教施設＞

・春日神社（高取町清水谷）

・春日神社（高取町丹生谷）

・薬師寺（高取町羽内）

・春日神社（高取町薩摩）

・八坂神社（明日香村平田）

＜支配者側の宗教施設＞

・八幡神社（高取町高取）

・八幡神社（御所市古瀬）

・権現堂（大淀町今木）

・八幡宮（御所市重阪）

・八幡宮（大淀町越部）

支配者と保守勢力の宗教戦争——瑞穂国西防衛セットの都2

　西防衛セットの2代目の都は、現在の奈良県の橿原市です。保守勢力と支配者の宗教施設を、現在の名称と住所で記します。

＜保守勢力側の宗教施設＞

・春日神社（橿原市別所町）

・春日神社（橿原市四分町）

・春日神社（橿原市出合町）

・春日神社（橿原市戒外町）

・春日神社（橿原市五井町）

・春日神社（橿原市五条野町）

・八坂神社（明日香村平田）

・国常立神社（橿原市南浦町）

＜支配者側の宗教施設＞

・八幡神社（橿原市上飛騨町）

・八幡神社（橿原市南山町）

・八幡神社（橿原市今井町）

・橿原神宮（橿原市久米町）

・長山稲荷神社（橿原市畝傍町）

・八幡宮（橿原市見瀬町）

支配者と保守勢力の宗教戦争——瑞穂国西防衛セットのピラミッド

　瑞穂国の西防衛セットのピラミッドは、徳島県の三好市、那賀町、美馬市、つるぎ町に股がる、現在の剣山です。保守勢力と支配者の宗教施設を、地図を拡大できないため分かる範囲で、現在の名称と住所で記します。

＜保守勢力側の宗教施設＞

・大剣神社（三好市、剣山山頂近く）

・八坂神社（神山町西久地）

＜支配者側の宗教施設＞

・八幡神社（上勝町旭）

・八幡神社（那賀町高野）

・府殿八幡神社（那賀町府殿）

・八幡神社（那賀町北川）

・八幡神社（那賀町折宇）

・八幡神社（三好市漆川）

・八幡神社（美馬市木屋平）

・下宮八幡神社（神山町上分）

・二戸八幡神社（美馬市古宮）

・八幡神社（神山町美郷）

支配者と保守勢力の宗教戦争──瑞穂国西防衛セットの東神道基地1と2

　西防衛セットの東の神道基地は、都と一緒に1回移転しています。その1代目が、現在の三重県度会町です。そして、2代目が現在の三重県多気町です。地図を拡大できないため、保守勢力と支配者の宗教施設を、一緒に紹介します。

＜保守勢力側の宗教施設＞

・八雲神社（松阪市笠松町）

・伊勢寺神社（松阪市伊勢寺町）

・須賀神社（松阪市山下町）

・伊雑宮（志摩市上之郷）

＜支配者側の宗教施設＞

・豊受大神宮（伊勢市豊川町）

・皇大神宮（伊勢市宇治館町）

支配者と保守勢力の宗教戦争——瑞穂国西防衛セットの西神道基地

西防衛セットの西の神道基地は、現在の福岡県宗像市の筑前大島にある、宗像大社中津宮です。瑞穂国の都セットでは、西に大社の神道基地か、空軍基地を置くことがあります。保守勢力と支配者の宗教施設を、地図を拡大できないので分かる範囲で、現在の名称と住所で紹介します。

＜保守勢力側の宗教施設＞

・宗像大社沖津宮（宗像市の沖ノ島）

・宗像大社中津宮（宗像市大畠の筑前大島）

・宗像大社辺津宮（宗像市牟田尻）

・須賀神社（岡垣町黒山）

・厳島神社（宮若市三ヶ畑）

・須賀神社（久山町久原）

＜支配者側の宗教施設＞

・八幡宮（飯塚市大日寺）

瑞穂国の発見の経緯——その1

昔から地球に住んでいる保守勢力の神様アマテルと宇宙人ドラコニアンは、本書の筆者である私が瑞穂国を発見して、悪徳支配者の言うことを聞かない運動を始めるように、私を誕生させ、育ててきました。

　私は、古代の宇宙人栗原氏の遺伝子を持つ父と、古代の宇宙人曽我氏の遺伝子を持つ母から、瑞穂国の首都であった秦野市で生まれました。今、思えば、秦野市は、旧瑞穂国の末裔と、現在の新しい支配層が混在して住んでいる地域です。

　保守勢力の方たちは、長期に渡り、私に対して、いろいろな仕掛けをしてきたと思います。当時の自分は、もちろん何も分かっていませんでしたが、自宅の周辺の方々、親戚の方々、学校で一緒だった方々の影響を受けて、育ったのだと思います。秦野に伝わる伝承として、宇宙人が地球を支配している、栗原さんと曽我さんは結婚をしなさい、というのがあります。また、学校の授業で、世界を支配している１３家族の話をする先生も、おられました。

　私の進学や就職は、自分で好きな道を選んだものと、思っていました。ところが、今、振り返ると、やはり保守勢力に操られていたと思います。まず、曽我氏の末裔が大勢いる、小田原市にある高校に入りました。それから、横浜市にある電気工学科の大学に入りましたが、卒業研究は物理学科の研究熱心な先生の下で行いました。教育界、学術界を勉強させたと思います。

　就職は、民間企業や学校は選ばす、横浜市にある神奈川県が製造企業に技術を支援する、知名度の低い機関に入りました。これも今思えば、アマテルが神奈川県庁を拠点にしているため、手元に置いたのでしょう。政治的にも、アマテル・ドラコニアンの日本の保守勢力は、悪徳支配者の手先になっている自由民主党には敵対し、支

配者に反対している日本共産党を応援しています。

　就職した技術支援機関では、自分が興味のある、主に半導体製造の基本的な技術を担当しました。当時は、日本の半導体業界は世界一を争っていました。今から思えば、欧米にいる悪徳支配者が、宇宙人の半導体技術を欧米のメーカーに教えたが、製造が難しいため、器用な日本に製造させたのでしょう。そのような中で、保守勢力が、私に半導体技術をやらせたのは、支配者の政策で、近いうちに日本の半導体製造技術のノウハウが無くなることが、分かっていたのだと思います。

　また、保守勢力は、瑞穂国に関係する氏名や出身地を持つ方々を、本当に色々な方々を、私の近くに送りました。あるいは、瑞穂国に関係のある場所へ、私を旅行に行かせました。ところが、私は地球の悪徳支配者の洗脳に染まっていて、なかなか期待通りに気が付きません。

瑞穂国の発見の経緯──その2

　突然、東日本大震災と福島原発事故が発生して、支配者の洗脳で呆けていた自分の頭が、少しずつ働き始めました。しばらくすると、日本政府とテレビ放送がおかしいのでは、と考えるようになりました。おそらく、保守勢力に誘導されて、私は書店に行き、雑誌ムーや陰謀論の単行本を読みました。初めのうちは、これらの雑誌と

本は嘘ばかり書いてある、と思えました。それを継続して、3年くらい経ったとき、自分の洗脳が一気に解けました。

　洗脳を解くポイントは、私の場合は、宇宙人と神様が実在することを理解したことです。また、陰謀論は扱う範囲がもの凄く広いので、自分の興味のある分野を持つと良いです。私の場合は、古代の都です。

　そして、私が世の中の裏側を調査中で、まだ良く解っていない時期に、なぜか無性に本を書きたくなりました。これも、保守勢力の作戦で、早くから本を書くトレーニングをさせたのです。そして、世の中がおかしいということをまとめて、参考図書にある、私の第1作目の「地球の危機！世界を支配する陰謀の正体」の単行本を出しました。

　さらに保守勢力から、歴史がおかしい、都がおかしい、都の東には伊勢がある、というテレパシーが届き、自分で調べたくなりました。神様と宇宙人は声を出して話さないため、人間にはテレパシーで情報を送ります。

　まず、地図と現地の調査で、横浜市青葉区の都＝千葉県東金市の伊勢、が隠されていることを見つけました。また、地図上で、奈良県の藤原京の南に、高取町の都＝三重県度会町の伊勢、を見つけました。初めは、青葉区と高取町の都が円形をしているのが不思議でした。

また、陰謀論の雑誌や単行本、ホームページを調べた結果をまとめて、新たな本を書きたくなりました。そして、私の２冊目の「地球が危ない！知らないでは済まない陰謀論——新型コロナウイルスにも裏があります」を、電子書籍とオンデマンド印刷で出しました。

　そして、この頃になって、自分が、神様と宇宙人を含む保守勢力に操られていることを、認識しました。

　あるとき、都が隠されているという私の話を聞いた方が、都はそれだけか、天皇はいないのか、と聞きました。これは、神様と宇宙人が言葉を話さないので、他の人間に言わせているのです。自分は、また調べたくなり、日本列島全図の地図、１０万倍の広域地図、重要な都道府県は１万～６万倍の地図で調べました。

　そして、飛騨市古川町の都＝小山市＆結城市の伊勢、が隠されていることを見つけました。

　神社については、アマテルとの関係で、女神の天照大神に偽造された神明神社、アマテル夫人と思われるオオヒルメ、アマテルと協力しているスサノオが祀られた神社等を回っていました。あるとき、神奈川県の大山の阿夫利神社に金星の神様が祀られていることが分かり、保守勢力は金星の神様の総本山、貴船神社で活動していることを、認識しました。

　あるとき、①都とピラミッドと伊勢がセットになっている、②都に大極殿、栗原氏の拠点、曽我氏の拠点がある、③その地名は県内に隠されているが、首都だけは他県に隠されている、④都、ピラミッド、伊勢の神社の間で瞬間移動できる、というテレパシーが、次々に届きました。

　そして、岐阜県の関市の地図を見ていたときに、神奈川県の秦野市と深い関係があることが解りました。迫間、小迫間、東田原、西田原、権現山の雰囲気が、秦野に似ていました。

瑞穂国の発見の経緯──その３

　まず、秦野市と関市の地名を入れ替えることにより、身延伊勢＝首ピラミッド富士山＝首都秦野市＝伊勢原伊勢、の首都セットに気が付きました。都の〇間、栗〇、曽〇も岐阜県で見つけました。国名の瑞穂国も解りました。

　首都以外の都セットは、大山＝横浜青葉都＝東金伊勢、剣山＝藤原京・高取京＝三重伊勢、伊吹山＝飛騨古川＝下野阪東伊勢、が解ってきましたが、いずれも西の伊勢が不明です。都の〇間、栗〇、曽〇については、横浜青葉、高取京、藤原京、飛騨古川については、だんだん見つかってきました。

　その後、まだ都セットがある、とテレパシーが届きました。そして探したところ、月山＝宮城県栗原市＝歌津伊勢、を見つけました。続いて、松島付近にも五十鈴神社があるので、その西の仙台市泉区

も都だったことを見つけました。栗原市と仙台市泉区も〇間、栗〇、曽〇を見つけました。

　さらに、瑞穂国の各地に国府セットがある、国府ピラミッドの先に数字を含む地名の伊勢がある、というテレパシーが入りました。そこで、瑞穂国の首都周辺の都県について調べました。

　神奈川県は、大昔にアマテルが仮称海老名湖を掘って、その土で三浦半島を作ったという、伝承があります。相模国府は１回移転していて、三浦国府セットも見つかりました。相模国と三浦国の国府は、自分で現地を確認しました。

　千葉県はなだらかな山ばかりで、地図上での特定が難しかったのですが、何とか見つけました。国府セットの調査により、ピラミッドの先の伊勢は、変化に富むことが分かりました。

　その後、①都セットの西は大社か飛行場だ、②関は飛行場を表す、というテレパシーが入りました。

　そして、全ての都セットが、宗像大社＝剣山＝高取京＝度会伊勢、宗像大社＝剣山＝藤原京＝多気伊勢、出雲大社＝伊吹山＝飛騨古川都＝下野阪東伊勢、関羽根飛行場＝大山＝横浜青葉都＝東金伊勢、鼠ヶ関飛行場＝月山＝仙台泉都＝松島伊勢、鼠ヶ関飛行場＝月山＝栗原都＝歌津伊勢、が判明しました。

　最後に、都には薬師寺がある、というテレパシーが届きました。

瑞穂国の発見の経緯——その４

　瑞穂国の構想をある方に話していたとき、瑞穂国はどの時代に滅んで、現在の支配者がいつ現れたのか、と聞かれました。これは、保守勢力が言わせている、と思います。

　陰謀論の分野で従来から言われているのは、宇宙人同士が核戦争を行い、地球に大洪水等の被害を出してしまった。戦争を反省して、紀元前数千年頃に、戦争を行った宇宙人同士を掛け合わせてハイブリッドの宇宙種族を作り、新しい地球の統治者とした。ところが、このハイブリッド種族に、異次元から悪い宇宙人が取り付いて、悪政に走ってしまった。

　瑞穂国の遺構の状況から、瑞穂国が１千年程度前に滅びたと仮定すると、宇宙人同士の戦争とハイブリッド人の作製は、１千数百年前になると思います。

　そこで調べると、４世紀末にローマ帝国が分裂したり、民族大移動が起きているので、この頃に宇宙人同士の戦争があったのでは、と考えました。その後、５世紀初めにハイブリッド宇宙種族のブルーブラッド人が現れた、と見るのがよいと思います。

　そして、ブルーブラッド人は二手に分かれ、１３家族はまずヨーロッパに入り、キリスト教を武器に、やがて世界制覇へ向かいました。

　５家族はまず中国に入って覇権国家の唐を作り、続いて瑞穂国に攻め込んで、日本を占領し続けました。

日本のブルーブラッド人５家族は、自分たちが滅ぼした瑞穂国、金星人の栗原氏と曽我氏が、初めから無かったにしました。円形の大和高田京を長方形に改修して、藤原京と名称を変えました。神明神社の祭神の男神アマテルを、女神の天照大神に偽造しました。新しい支配者は、遣ること成すことが、全て悪徳です。

その後、約１千年経った現在でも、日本の支配者は、瑞穂国が嫌いなので、みずほ銀行を虐めています。栗原氏と曽我氏が嫌いなので、この名字を持つ人は、要職に登用しません。

参考図書について

陰謀論の分野は、手に取れる雑誌と単行本が少なく、大変貴重なものです。本書では、参考図書に載せた単行本と雑誌を参考にしました。

浅川氏の著書「龍蛇属直系の日本人よ！──その超潜在パワーのすべてを解き放て」は、神様と宇宙人が実在すること、人類の死後について、良く理解できます。浅川氏には、国常立尊が付いているようです。私のアマテル同様に保守勢力の神様です。

上部氏の著書「闇の政府をハーモニー宇宙艦隊が追い詰めた！」と、「地球外生命体が人類を創造した！」は、地球の悪徳支配者が台風や地震を作って人類を虐めていることに対して、宇宙艦隊の

大型ＵＦＯが阻止しようと戦っている様子が良く解ります。

　田村氏の著書「日本が分割統治される人類最終戦争が始まりました」は、支配者側の秘密結社八咫烏からの、日本が非常な苦難に陥り、世界最終戦争が始まるという、という情報です。日本の支配者の様子をうかがえます。

　高山氏は、保守勢力側の秘密結社の方です。氏の著書「日本人はドラコニアン《YAP（－）遺伝子》直系！だから、［超削減］させられる」と、「ドラコニアン VS レプティリアンこれが《吸血と食人》の超絶生態だ！」は、隠されている情報が豊富に紹介されていて、参考になります。ただし、高山氏は瑞穂国の記載を避けています。

　アイク氏の著書「マトリックスの子供たち［上］現実は覚めることのない夢」は、支配者の秘密結社イルミナティやキリスト教について、詳しく書かれています。

　月刊誌ムーは毎号が参考になりますが、本書では、とくに No. 427 のアトランティス大陸についての記事、No. 478 の地球グリッド文明についての記事、No. 483 の大本についての記事、No490 の伊雑宮についての記事、を参考にしました。

おわりに

　本書を最後までお読みいただき、ありがとうございます。古代の瑞穂国、悪徳な支配者、正義の保守勢力にご理解をいただいた方は、今後の皆様の人生に是非、お役立てください。どうしても、ご理解をいただけない方は、時間を置けば、理解してもらえる日が来ると思います。

　本書の内容では、支配者の検閲を通すことは、難しいと予想されます。ただし、現在は、地球上では、支配者側とドラコニアン、銀河連盟側の間で、戦争を行っています。このような戦時下においては、従来は許可できなかったことが、許可される可能性もあると思います。

　神様と宇宙人に導かれて本書を執筆した私、熱心に出版企画をしていただきました２２世紀アート様、販売会社様、流通会社様、その他関係する書店の皆様のご協力で、昔ならば発行禁止となった本書を、是非、多くの読者に届けたいと思います。よろしくお願いいたします。

参考図書

「地球の危機！世界を支配する陰謀の正体」　栗原幸男著　２０１８年　たま出版

「地球が危ない！知らないでは済まない陰謀論——新型コロナウイルスにも裏があります」　栗原幸男著　２０２１年　２２世紀アート

「龍蛇族直系の日本人よ！その超潜在パワーのすべてを解き放て」浅川嘉富著　２０１１年　ヒカルランド

「闇の政府をハーモニー宇宙艦隊が追い詰めた！」　上部一馬著　２０１６年　ヒカルランド

「地球外生命体が人類を創造した！」　上部一馬著　２０１９年　ビジネス社

「日本が分割統治される人類最終戦争が始まりました」　田村珠芳著　２０１５年　徳間書店

「日本人はドラコニアン《YAP（−）遺伝子》直系！だから、［超削減］させられる」　高山長房著　２０１２年　ヒカルランド

「ドラコニアン VS レプティリアンこれが《吸血と食人》の超絶生態だ！」　高山長房著　２０１３年　ヒカルランド

「マトリックスの子供たち［上］現実は覚めることのない夢」　デーヴィッド・アイク著　２０１９年　ヒカルランド

月刊誌「ムー」　ワン・パブリッシング

【著者紹介】

栗原幸男（くりはら・ゆきお）

１９６１年　神奈川県秦野市生まれ

１９８４年　神奈川県工業試験所勤務を経て、現在

（地独）神奈川県立産業技術総合研究所勤務

世界を救え！ タブーに切り込む陰謀論
古代の瑞穂国、宇宙人の栗原氏と曽我氏の真実

2023年2月28日発行	著　者	栗原幸男
	発行者	向田翔一

発行所	株式会社 22 世紀アート
	〒103-0007
	東京都中央区日本橋浜町 3-23-1-5F
	電話　03-5941-9774
	Email: info@22art.net　ホームページ：www.22art.net
発売元	株式会社日興企画
	〒104-0032
	東京都中央区八丁堀 4-11-10 第 2SS ビル 6F
	電話　03-6262-8127
	Email: support@nikko-kikaku.com
	ホームページ：https://nikko-kikaku.com/
印刷 製本	株式会社 PUBFUN

ISBN：978-4-88877-175-7

© 栗原幸男 2023, printed in Japan